A LA MÉMOIRE

DE LA RÉVÉRENDE MÈRE

MARIE-ÉMILIE

NÉE BLAFFARD

Supérieure générale des religieuses de Saint-Joseph

DE LYON

Élue le 29 août 1883. — Décédée le 18 mars 1886

LYON

LIBRAIRIE ET IMPRIMERIE VITTE & PERRUSSEL

3 ET 5, PLACE BELLECOUR, ET RUE SALA, 58

1886

ALLOCUTION

PRONONCÉE DANS LA CHAPELLE DE LA MAISON-MÈRE

AU RETOUR DU CIMETIÈRE

LE JOUR DES FUNÉRAILLES

(22 mars 1886)

PAR M. RICHOUD
Vicaire général,
Supérieur de la Congrégation.

Mes très honorées Sœurs,

Je crois répondre à l'attente de votre piété filiale et au désir de vos cœurs, en prolongeant de quelques instants encore cette cérémonie si douloureuse et si touchante des funérailles de la vénérée Mère que nous pleurons.

Votre grande famille de Saint Joseph est

dans les larmes ; mais ces larmes ne sont ni sans consolation ni sans espérance. Le cortège que vous venez de faire à votre bien-aimée Mère en l'accompagnant à sa dernière demeure, au milieu d'un si nombreux concours de Prêtres, de Religieux et de Religieuses accourus, de personnes sympathiques et dévouées, venues pour s'associer à votre deuil, ce cortège ne vous a-t-il pas paru ainsi qu'à nous comme empreint d'un reflet céleste, comme une glorification anticipée de l'humilité et comme un prélude du triomphe réservé dans la nouvelle Jérusalem à ces légions de vierges, auxquelles vous avez l'honneur d'appartenir ; qui, après avoir tout quitté sur la terre pour suivre Jésus-Christ, et ne vivre que pour Lui, marcheront dans la Cité sainte à la suite de l'Agneau immolé pour le salut du monde ?

En rentrant dans cette Maison-Mère qui a été le berceau de votre vocation, le lieu de votre noviciat, et qui est bien votre maison, votre centre de famille, vous ne sauriez vous soustraire à une vive émotion, parce que tout vous y rappelle celle qui fut votre Mère. Partout ici vous cherchez et vous croyez retrouver sa présence et son action, sa bonté inaltérable et ses vertus religieuses. Votre émotion s'accroît encore dans cette Chapelle où elle aimait tant à répandre son âme devant le Très Saint Sacrement et à s'appuyer sur Notre-Seigneur pour bien s'acquitter des devoirs multipliés et difficiles de sa charge. Vos yeux la cherchent, sa place est vide. Vous regardez cet Autel, ce Tabernacle, cette Table Sainte où elle puisait dans le Cœur du Bon Maître les trésors de douceur et d'humilité qui vous ont tant édifiées. En ce moment votre pensée et vos sentiments affectueux sont encore avec elle. Ce sera pour vous un adoucissement à votre peine d'entendre parler de cette bonne Mère. Avant de nous séparer, mes chères Filles, jetons donc ensemble un regard rapide et ému sur la vie si bien remplie, et sur la mort hélas! si prompte, mais en même temps si douce et si paisible de la Très Révérende Mère, *Marie-Emilie*, née *Marie-Joséphine Blaffard*, votre sixième Supérieure générale, dont le nom est bien digne d'être inscrit à la suite des vénérables Mères défuntes, qui ont gouverné votre Congrégation depuis sa restauration et sa fondation dans le diocèse.

Votre surprise et votre douleur, mes chères

Filles, ont été bien grandes et bien vives en apprenant tout à coup la maladie et la mort de la Révérende Mère Emilie. La lettre qui vous annonçait les progrès rapides du mal et nos inquiétudes graves, n'était pas encore partie, que déjà le dénouement fatal avait eu lieu : votre vénérée Mère avait rendu le dernier soupir et son âme transportée de joie et de reconnaissance à l'appel de l'Epoux, s'était envolée dans un monde meilleur, vers le sein de Dieu, nous laissant subitement dans les larmes et la désolation.

Rien ne faisait prévoir que cette bonne Mère vous serait sitôt enlevée. Une maladie qu'elle avait faite à Saint-Etienne dans sa chère maison de Micarême, au mois de Mai qui a précédé son élection, avait mis sa vie en danger et l'avait rendue plus sensible qu'auparavant à l'action du froid. Loin de s'écouter, d'alléguer sa santé ou sa charge pour se dispenser des exercices communs et des prescriptions de la Règle, elle donnait constamment l'exemple de l'obéissance et de la ponctualité. Il fallait l'arrêter. Nous l'invitâmes à ne descendre à la Chapelle le matin, pendant l'hiver, que pour la Messe. Il lui en coûta, car on la voyait toujours arriver la première à la prière et à l'oraison, ce qui édifiait singulièrement nos chères Enfants du Noviciat. Elle se soumit bien vite néanmoins, et de bonne grâce, sachant que le mérite du renoncement et de l'obéissance l'emporte sur celui de nos meilleures actions. Malgré cette précaution, elle fut souffrante vers la fin de décembre, et obligée pendant quelques jours de garder la chambre ; le mieux ne tarda pas à se déclarer et elle fut bientôt complètement rétablie. Le jeudi 4 mars elle se rendit à Saint-Etienne. Nous pensions qu'un séjour dans sa chère maison de Micarême la reposerait et achèverait de lui rendre des forces.

Mais nous avions compté sans le climat plus vif de cette ville et surtout sans le dévouement absolu de votre Mère à ses fonctions de Supérieure générale. Dieu permit que nos chères Filles de Micarême qui lui étaient demeurées étroitement et tendrement attachées, aient eu le bonheur de revoir et de posséder, peu de jours avant la fin de sa vie, celle qui avait été si longtemps leur Mère bien-aimée. Elles apportèrent de la discrétion dans leurs confidences et leurs entretiens. Pourtant, loin de se reposer, la bonne Mère eut un surcroît de fatigue. Elle voulut visiter plusieurs Maisons où elle jugeait sa présence utile. Les Sœurs de Firminy, du Chambon, de la Ricamarie, de Terrenoire, de Montaud et du Pieux-Secours eurent, elles aussi, la douce consolation de la voir de près, de recevoir ses conseils et de goûter les épanchements maternels de sa tendresse, sans se douter, que cette précieuse existence serait bientôt ravie à la Congrégation. Mère Emilie reçut à Micarême de nombreuses visites et dut passer de longs moments au parloir. Quoi de plus naturel? Elle était si connue et si aimée dans cette chère ville de Saint-Etienne! Elle-même fit au dehors des visites de charité, notamment à deux Communautés de Sœurs de Saint-Charles dont l'une venait de perdre sa Supérieure, continuant ainsi la tradition de religieuse estime et de mutuelle affection entre les deux principales Congrégations enseignantes du diocèse.

Son absence avait duré une semaine : le jeudi suivant elle rentrait à Lyon. Le vendredi 12 fut une journée laborieusement remplie. Dès cinq heures et demie, votre vénérée Mère était à la prière; hélas! c'était la dernière fois qu'elle occupait sa place à la Chapelle! Elle tint le Conseil une partie de la matinée, présida les repas, charma les récréations, visita les malades

des deux Infirmeries, dépouilla son courrier, passa une grande heure devant le Saint-Sacrement, jusqu'au moment des prières de cinq heures. Enfin, après la méditation, elle tint le Chapitre. La petite lecture d'usage qu'elle commenta assez longuement, traitait de l'esprit de mortification. *Nous ne pouvons pas toutes jeûner*, dit-elle; *mais toutes nous pouvons et nous devons nous renoncer*, *observer plus fidèlement la sainte Règle*, *faire plus soigneusement nos exercices de piété*, *pratiquer la mansuétude*, *le support*, *garder avec soin le silence et l'esprit de recueillement.* Elle avait bien le droit, cette bonne Mère, de recommander ces choses. Son exemple n'était-il pas la plus éloquente et la plus persuasive des leçons?

La nuit fut sans sommeil, le lendemain elle était souffrante et oppressée. Nous n'en fûmes pas alarmés. Nous pensions que le repos, les soins, et le retour probable du beau temps la rétabliraient bientôt. J'eus alors, mes chères Filles, la consolation de venir passer à la Maison-Mère quelques instants. J'engageai votre bonne Mère à accepter avec l'entière obéissance qu'elle savait si bien pratiquer, les remèdes et le traitement qui lui étaient prescrits. Elle le promit sans hésiter. Puis ayant réuni les Mères Assistantes dans sa chambre, nous tînmes le Conseil. Elle avait autant de présence et de vivacité d'esprit, autant d'activité, que si elle avait été en parfaite santé. Elle m'entretint spécialement des affaires dont elle s'était occupée durant son voyage. Qui nous eût dit que sa fin était si proche et que cette chère et vénérée Mère allait sitôt nous être ravie ? C'était le samedi.

Le dimanche, 14, le docteur lui permit d'entendre la sainte Messe à l'Infirmerie. Elle fut heureuse d'en profiter. Son courage et sa piété l'empêchaient de remarquer et de sentir l'affaiblissement de ses forces. Hélas ! l'oppression augmenta, la respiration devint plus difficile, la nuit elle ne pouvait pas reposer et elle était obligée de se tenir assise. A partir du mardi le docteur multiplia ses visites. L'inquiétude se répandit bien vite.

Le mardi soir, étant revenu la voir, je la trouvai beaucoup plus oppressée. Mais l'on se rassurait encore : l'on attendait l'action des remèdes, l'on priait avec instances, l'on faisait des promesses à Dieu, l'on se disait que saint Joseph obtiendrait une grâce de guérison, le jour de sa fête, en faveur de cette Mère bien-aimée. Nous désirions si fort la conserver ! Et cependant vos Mères et vos Sœurs ne pouvaient s'empêcher de craindre et d'appréhender en se rappelant que la Révérende Mère du Sacré-Cœur de Jésus, dont Mère Emilie avait été la fille de prédilection, s'était envolée de la terre au ciel au moment où s'achevait la fête de saint Joseph. Ce soir-là, j'apportais à votre Révérende Mère la bénédiction toute paternelle de Son Eminence, dont les sentiments particulièrement dévoués lui étaient bien connus ; elle se montra très touchée et très reconnaissante. Elle me parlait avec cette gracieuse et aimable bonté qui lui était familière, avec tant d'aisance et de lucidité que nous nous rassurâmes presque, autour d'elle.

La nuit fut mauvaise. Le mercredi une consultation des médecins constata la gravité de son état, mais sans enlever pourtant l'espoir d'une crise favorable. A trois heures Son Eminence vint Elle-même visiter et bénir la vénérée malade. La bonne Mère assise dans son fauteuil éprouva de cette visite et de cette bénédiction une joie bien intime et bien profonde. Elle l'exprima avec ardeur et comme elle eut pu le faire en santé, voyant toujours avec une foi parfaite Dieu lui-même dans la personne du premier Supérieur de votre Congrégation.

La nuit suivante n'amena aucun soulagement, et, dès le matin du jeudi, le danger apparut plus grand et plus immédiat. Le moment était venu d'administrer à votre Révérende Mère les derniers Sacrements. Elle les reçut vers midi, en pleine connaissance, la sérénité sur le front, la joie sur tout son visage, dans le calme et la mansuétude qu'elle apportait à toutes ses actions. M. l'Aumônier avec le zèle et la piété que vous lui connaissez, prodigua à cette bonne Mère les pensées, les sentiments, les aspirations les plus propres à encourager, à embraser son âme, au moment où elle s'apprêtait à briser ses liens et à prendre son vol vers Dieu, lui recommandant la chère Congrégation qu'elle avait tant aimée et les Filles qui auraient tant de chagrin à se séparer d'elle. Elle reçut le Saint-Viatique, l'Extrême-Onction, l'Indulgence plénière et gagna l'Indulgence du Jubilé, s'unissant à toutes les prières et y répondant. Elle le faisait dans une si parfaite possession d'elle-même, qu'on ne pouvait croire que sa fin fût si proche. Vos Mères Assistantes se pressaient autour d'elle, l'entourant des marques de leur tendresse et de leur vénération, et la Révérende Mère trouvait encore pour elles des paroles affectueuses et des attentions délicates : c'étaient comme les dernières caresses de ce vrai cœur de Mère si accoutumé à s'occuper des autres et si ingénieux à faire plaisir. Elle leur disait tour à tour : *adieu et au revoir !* cherchant ainsi à les éloigner un instant pour diminuer leur peine. Elle ne se croyait pas sans doute elle-même si rapprochée du terme de son terrestre pèlerinage. Cependant elle ne pouvait s'empêcher de dire et de répéter encore : *Réjouissons-nous et remercions Dieu. C'est aujourd'hui le plus beau jour de ma vie !* N'est-ce pas ainsi que parle l'Eglise, appelant pour les élus, jour de la naissance, le jour où ils quittent la terre. Votre vénérée Mère resta jusqu'à son dernier moment calme et paisible, bonne et douce, comme elle l'avait été durant sa vie.

Enfin vers 4 h. 1/2, inclinant la tête, elle rendit son âme à Dieu et s'endormit dans le Seigneur. Jusqu'à son dernier souffle elle était restée dans son fauteuil, à peine inclinée, dans l'attitude où maints tableaux représentent la mort de saint Joseph. Si Jésus et Marie n'étaient pas visibles à ses côtés, comme auprès de votre saint Patron, ils étaient bien auprès d'elle par leur grâce et par leur intercession, pour l'assister en ce dernier passage de la voie à la vie, de l'exil à la patrie.

C'était le 18 mars, fête de saint Gabriel. La Révérende Mère Emilie nous avait demandé ce Saint comme Protecteur de l'année, nous disant que ce glorieux Archange, messager du mystère de l'Incarnation, était le porteur des bonnes nouvelles. Dieu a permis qu'il ait apporté à votre Mère la bonne nouvelle de sa délivrance. Ayons confiance que, malgré votre profonde et légitime tristesse pour la perte si grande que vous avez faite, ce sera une bonne nouvelle pour votre Congrégation qui comptera sur l'intercession et le crédit de cette douce et vénérée Mère auprès de Dieu.

Mais c'était aussi le jour et le moment des premières vêpres de saint Joseph. A l'heure où vous pleuriez autour de votre Mère, près de ce corps à peine refroidi, dont les yeux venaient de se fermer à la lumière, les cloches joyeuses sonnaient partout pour annoncer la solennité du lendemain, la fête du glorieux Epoux de la très sainte Vierge, du Protecteur de l'Eglise, du Patron spécial de votre Congrégation, de celui dont Mère Emilie avait reçu le nom au jour de son baptême, qu'elle aimait tant, et qu'elle appelait familièrement le *bon Père saint Joseph.* A voir saint Joseph venir ainsi pour la troisième fois, pendant le mois où vous l'invoquez plus particulièrement, donner le signal du départ à vos Révérendes Mères, n'est-il pas permis de penser que c'est pour leur apporter lui-même la couronne ?

Nous désirions et nous espérions conserver longtemps encore la Révérende Mère Marie-Emilie pour le plus grand bien de votre Congrégation : Dieu ne l'a pas permis, que sa sainte volonté soit faite et toujours aimée ! Elle est morte pleine de mérites plus encore que d'années. J'aurais voulu, mes chères Sœurs, vous parler de sa vie, mais le temps ne me le permet pas.

Souhaitons que cette vie de la bonne Mère Emilie soit écrite comme l'ont été celle de votre Fondatrice, l'humble et héroïque Mère Saint Jean, et celle de Mère du Sacré-Cœur de Jésus. Leur pieux et savant auteur, M. l'abbé Rivaux, a bien mérité de votre Congrégation. Vous les avez lues dans vos Maisons, avec beaucoup de fruit et d'édification. A leur suite, la vie de Mère Emilie aurait sa place toute marquée.

Vous en connaissez les dates et les lignes principales. Elle était née à Annonay le 13 avril

1813. Le Grand-Lemps la vit, petite enfant, recevoir les leçons d'une amie, d'une bienfaitrice de votre Institut, Mlle la Comtesse de Virieu. La Maison ayant été fondée, elle y prit le saint habit le 4 novembre 1829, fit profession à Lyon le 15 octobre 1832, et ne tarda pas à devenir Supérieure de cette maison du Grand-Lemps. Dans le dernier Conseil que nous tînmes dans sa chambre, elle se plut encore à nous parler de cette communauté qui lui était restée bien chère et qui lui rappelait ses premiers souvenirs d'enfant, d'élève, de Religieuse et de Supérieure.

A 31 ans, le 23 Mai 1844, ayant été nommée Conseillère, en remplacement de Mère Théodose, elle fut appelée à la Maison-Mère et pendant 20 années de suite, elle fut le bras droit et la fille chérie de la Révérende Mère du Sacré-Cœur. A son école elle se forma à l'administration et au gouvernement, en même temps qu'à la pratique des plus solides vertus religieuses. Au moment où il semblait qu'elle pouvait rendre plus de services à la Congrégation, les desseins de Dieu, adorables aussi bien dans ce qu'il permet que dans ce qu'il veut, l'éloignèrent de la Maison-Mère.

Ce fut au mois de mai 1864 qu'elle fut envoyée à Saint-Etienne. Pendant 19 ans elle gouverna et édifia cette grande et chère communauté de Micarême dont la Révérende Mère Saint-Jean et la Révérende Mère du Sacré-Cœur avaient été Supérieures comme elle. Le bien qu'elle fit à ses Religieuses, l'impulsion qu'elle donna aux œuvres si importantes et si intéressantes accomplies tant dans la Maison même, au Pensionnat et aux Externats que dans plusieurs paroisses, l'heureuse influence qu'elle exerçait auprès des familles, tout cela est d'hier et vivant encore, et lui avait fait dans la ville une place importante et attiré l'estime générale. Monseigneur Plantier, l'éloquent et intrépide évêque de Nîmes, qui avait appris à l'apprécier pendant qu'il était aumônier de votre Maison-Mère était resté très attaché à Mère Emilie. Il la visita souvent et entretint correspondance avec elle. Il avait prévu et il avait dit que Dieu la ramènerait à la Maison-Mère.

En effet, au jour marqué par la Providence, elle y revint ayant été élue Supérieure générale le mercredi 29 août 1883. Dieu l'avait gardée pour cette charge ; l'obéissance seule put la lui faire accepter. Nous n'oublierons jamais quels furent son étonnement, les résistances de son humilité et l'abondance de ses larmes, quand, s'étant aperçue qu'on songeait à elle, elle vint nous supplier de détourner le coup qui la menaçait. Elle dut se soumettre et faire son sacrifice.

Vous le savez, mes chères Filles, elle était déjà avancée en âge lorsque le Chapitre, avec l'approbation de Son Eminence, plaça entre ses mains le gouvernement de votre Congrégation. Dieu la bénit visiblement et sa vieillesse fut féconde comme celle des patriarches. Malgré les difficultés de l'heure présente, les Postulantes arrivèrent plus nombreuses au Noviciat. Vous l'avez vue à l'œuvre pendant un temps trop court, mais qui a été bien rempli et durant lequel elle a fait de grandes choses.

Comme ces fruits conservés qui dans l'arrière saison deviennent plus doux encore et plus savoureux, elle charmait tout le monde par son affabilité. Les ecclésiastiques, les personnes du dehors qui venaient traiter d'affaires avec elle, n'avaient qu'une voix pour le dire. Mais c'est surtout sa grande famille religieuse qui ressentit cette douce et irrésistible influence. Les Mères associées à son gouvernement, les Supérieures locales, les Sœurs, les Novices et les Postulantes l'aimaient à l'envi et remerciaient Dieu de la leur avoir donnée.

Cette bontéqui la caractérisait n'était pas seulement le résultat d'un heureux naturel, mais aussi et plus encore l'épanouissement d'une profonde humilité.

Son amour pour la régularité s'est manifesté jusqu'à la fin de sa vie. Le matin même du jour de sa mort, entendant le signal du réveil : *On sonne*, dit-elle, *faisons les prières*. Toujours elle a voulu, pendant cette dernière maladie comme pendant les maladies précédentes, que deux ou trois sœurs vinssent, aux heures de prières de Règle, les réciter dans sa chambre, afin de s'unir à la Communauté. Les heures de silence étaient également observées.

Toutes celles d'entre vous, mes chères Sœurs, qui l'ont vue de près ou qui ont vécu avec elle savent combien elle était active, expéditive, aimant le travail et toujours occupée. Elles savent aussi que la vie commune lui était particulièrement chère et que l'esprit de mortification l'accompagnait partout. Elle n'acceptait pas qu'on lui rendît les petits services qu'auraient si bien autorisés son âge et sa charge.

Avec une inviolable fidélité elle assistait aux récréations et savait les rendre agréables et utiles par de gracieux récits et par le chant de pieux cantiques, surtout aux approches et pendant le temps de Noël. Pleine de simplicité et d'abandon, elle aimait à communiquer à la Communauté tout ce qu'elle croyait devoir lui faire plaisir et l'intéresser.

Son esprit de foi et de confiance en Dieu se reflétait dans toutes ses actions et jusque sur son visage. On ne l'approchait pas sans se sentir plus uni à Notre-Seigneur dont elle paraissait ne point perdre la présence. Tel fut le secret de l'influence et de la vertu de la Révérende Mère Marie-Emilie. Notre-Seigneur Jésus-Christ a dit dans l'Evangile : « *Heureux ceux qui sont doux, car ils posséderont la terre!* » Cette parole divine se vérifie encore comme aux premiers jours. Notre-Seigneur a dit aussi : « *Apprenez de moi que je suis doux et humble de cœur.* » Celui qui entend, qui comprend, qui pratique en toutes choses, cet appel, cette leçon et cet exemple, celui-là est bien près de la perfection. Votre bonne Mère les avait entendus et médités ces divins enseignements, elle s'appliquait sans cesse à les pratiquer. En les méditant et en les pratiquant vous-mêmes, mes chères Sœurs, vous avancerez de plus en plus dans le service et dans le véritable amour de Dieu.

Vous prierez pour le repos de l'âme de Mère Emilie, c'est l'esprit et c'est le vœu de l'Eglise, et en priant pour elle, vous aimerez à vous rappeler sa vie et ses exemples.

Et maintenant, la pieuse et chère dépouille de celle qui fut votre Mère repose dans l'attente de la résurrection, près de vos Mères Générales de douce et sainte mémoire, dans le même tombeau que Mère du Sacré-Cœur, Mère Marie-Louise et Mère Alphonse. Cette tombe, vrai reliquaire de vos Mères anciennes les plus connues et les plus respectées pendant leur vie, les plus vénérées après leur bienheureuse mort, renferme encore les ossements des Mères Aglaé, Emilienne et du Cœur-de-Marie. La bonne Mère Marie-Emilie a marché sur leurs traces et s'est consacrée tout entière à la conservation du vieil esprit de saint Joseph, esprit de prière et de travail, de simplicité et d'humilité. Plaise à Dieu que cet esprit primitif de votre Congrégation de Saint-Joseph se conserve de génération en génération au milieu de vous! Que ce grand arbre reste toujours digne d'avoir vu détacher de son tronc ces rameaux devenus arbres à leur tour, à Bourg, à Chambéry, à Annecy et jusqu'en Amérique, aux Etats-Unis et dans le Canada. Il en sera ainsi, mes chères Sœurs, si, gardant la mémoire de vos vénérées Mères générales, vous vous efforcez d'imiter leurs exemples, de reproduire leurs vertus et de conserver fidèlement le précieux héritage qu'elles vous ont transmis.

Lyon. — Imp. Vitte et Perrussel, r. Sala, 58.

www.ingramcontent.com/pod-product-compliance
Ingram Content Group UK Ltd.
Pitfield, Milton Keynes, MK11 3LW, UK
UKHW022155260726
13993UKWH00005B/2394

9 782329 328089